ANNA HELM BAXTER
FOTOS VON ELISA WATSON

SUPER EINFACH
KOCHEN MIT 3 - 6 ZUTATEN
VEGETARISCH

Librero

Inhalt

Vegetarier werden

EIN PLUS FÜR DIE GESUNDHEIT

Die Entscheidung für ein vegetarisches Leben hilft, Risiken im Hinblick auf Herzerkrankungen, Fettleibigkeit, Bluthochdruck und verschiedene Krebsarten zu verringern. Diese Ernährungsform reduziert grundlegend die Aufnahme von Fett und sorgt für eine Fülle von Nährstoffen, Antioxidantien und Vitaminen. Darüber hinaus ist die Entscheidung für ein vegetarisches Leben auch gut für die Umwelt und spart bares Geld.

DAS GEHEIMNIS IST DIE VIELFALT

Proteine setzen sich aus verschiedenen Aminosäuren zusammen, die sowohl für den Stoffwechsel als auch für den Muskelaufbau eine besondere Rolle in unserem Körper spielen. Von 20 Aminosäuren sind 9 essenziell, weil unser Körper sie nicht selbst erzeugen kann. Sie müssen also aus proteinhaltigen Lebensmitteln stammen. Um Fleisch wirksam ersetzen zu können, muss man wissen, welche dieser Aminosäuren am besten sind, und wofür sie gut sind.

WAS BRAUCHEN SIE?

Die durchschnittliche empfohlene Proteinmenge beträgt 0,8 g pro Kilo Körpergewicht, d. h. 56 – 91 g durchschnittlich für einen Mann, 46 – 75 g für eine Frau.

WAS SIND DIE BESTEN QUELLEN?

Für Vegetarier gibt es zahlreiche Lebensmittel, die sowohl gut schmecken als auch reich an Proteinen sind.

LEBENSMITTEL	PROTEINE
Milchprodukte	
3 Eier	12 g
100 ml fettarme Milch	3,4 g
28 g Ziegenkäse	8,5 g
200 g griechischer Joghurt	20 g
Getreide und Trockengemüse	
100 g gekochter Quinoa	4,4 g
100 g gekochte Vollkornnudeln	5,3 g
100 g gekochte Sojabohnen	17 g
100 g gekochte weiße Bohnen	9,7 g
100 g gekochte Kichererbsen	8,9 g
Gemüse	
150 g gekochter Brokkoli	3,6 g
100 g gekochte Erbsen	5,4 g
100 g Champignons	3,1 g
100 g Zuckerbohnen	3,5 g
100 g Grünkohl	4,3 g
Kerne und Trockenfrüchte	
23 Mandeln	6 g
20 g Kürbiskerne	6,6 g
20 g Sonnenblumenkerne	3,9 g

VERGLEICHSTABELLE FÜR PROTEINE

Tierische Proteine		Pflanzliche Proteine		vegetarische Rezeptideen		Proteine
100 g gekochter Lachs	=	250 g fester Tofu	oder	100 g Tofu + 175 g gekochter Quinoa + 100 g Brokkoli + 50 g Kichererbsen	=	25 g
100 g gebackenes Hühnchen	=	120 g Linsen	oder	30 g Linsen + 100 g weiße Bohnen + 28 g Ziegenkäse + 150 g Zuckererbsen + 100 g Champignons	=	31 g
100 g Beefsteak	=	300 g griechischer Joghurt	oder	150 g Joghurt + 100 g Haferflocken + 100 ml fettarme Milch + 23 Mandeln	=	30 g
2 große Schweinewürstchen	=	5 Eiweiß	oder	3 Eier, 28 g Cheddar + 30 g Spinatblätter	=	20 g

Der vegetarische Einkauf

MILCHPRODUKTE UND FRISCHPRODUKTE

- [ ] Milch
- [ ] Crème fraîche
- [ ] Feta
- [ ] Ziegenkäse
- [ ] Blauschimmelkäse
- [ ] Ricotta
- [ ] Panir (indischer Frischkäse)
- [ ] Griechischer Joghurt
- [ ] Reifer Cheddar
- [ ] Parmesan
- [ ] Eier
- [ ] Tofu

SÄTTIGUNGSBEILAGEN

- [ ] Verschiedene Nudeln
- [ ] Gerste
- [ ] Couscous-Grieß
- [ ] Quinoa
- [ ] Reis: weiß, Arborio, Vollkorn
- [ ] Haferflocken
- [ ] Dinkel

KONSERVEN

- [ ] Verschiedene Hülsenfrüchte
- [ ] Tomatenmark
- [ ] Ganze Tomaten
- [ ] Kokosmilch
- [ ] Oliven
- [ ] Kapern

FETT UND GEWÜRZE

- [ ] Tahin (Sesammus)
- [ ] Sojasauce mit reduziertem Natriumgehalt
- [ ] Rotweinessig
- [ ] Olivenöl
- [ ] Chilisauce mit Knoblauch
- [ ] Gelbe Zitrone
- [ ] Grüne Zitrone
- [ ] Ahornsirup
- [ ] Gemüsebrühe oder Brühwürfel
- [ ] Verschiedene Gewürze
- [ ] Nussbutter

TROCKENFRÜCHTE UND KERNE

- [ ] Pistazien
- [ ] Haselnüsse
- [ ] Walnüsse
- [ ] Mandeln
- [ ] Pinienkerne
- [ ] Kürbiskerne
- [ ] Rosinen
- [ ] Getrocknete Aprikosen

TIEFKÜHLKOST

- [ ] Vollkorn-Edamame
- [ ] Erbsen
- [ ] Blätterteig

Tapas

Auberginen-Kaviar

Auberginen
x 2

Tahin
50 g

Knoblauch
x 1 Zehe

Pita-Brot
x 2

Zitrone
x 1

Olivenöl
1 Esslöffel

 In 15 Minuten vorbereitet

 20 Minuten Kochzeit

 Für 4 Personen

O Den Knoblauch hacken. Die Brote halbieren und dann in Dreiecke schneiden. Den Ofen auf 230 °C vorheizen. Die Auberginen für 10 Minuten auf einem Backblech backen, bis das Fleisch weich ist.

O Das Pita-Brot mit Öl bepinseln und bei 220 °C für 10 Minuten in den Ofen geben. Die Zitrone pressen.

O Die Auberginen nach dem Abkühlen schälen und das Fleisch mit dem Tahin, dem Knoblauch und 50 ml Zitronen-saft mixen, bis eine glatte Masse entsteht. Würzen und mit Pita-Brot servieren.

Gebackener Camembert

2

Camembert
x 1

Moosbeerensauce
85 g

 In 5 Minuten vorbereitet

 20 Minuten Kochzeit

 Für 2 Personen

Baguette
x ½

geröstete Nüsse
20 g

○ Die Nüsse grob hacken. Das halbe Baguette in Streifen schneiden und rösten.

○ Den Ofen auf 190 °C vorheizen. Den Käse auf ein mit Backpapier belegtes Backblech legen und für 20 Minuten in den Ofen geben.

○ Auf einen Teller geben, die Moosbeerensauce in die Mitte setzen und mit den Nüssen bestreuen. Mit gerösteten Brotscheiben servieren.

Brot mit Hummus und Radieschen

Baguette
x 1

Hummus
400 g

Schnittlauch
5 Stiele

Olivenöl
1 Schuss

Radieschen
x 5

 In 10 Minuten vorbereitet

 2 Minuten Kochzeit

 Für 4 Personen

○ Das Baguette vierteln und der Länge nach halbieren. Die Radieschen in sehr feine Streifen schneiden und den Schnittlauch mit der Schere fein schneiden.

○ Den Grill vorheizen. Die weiche Seite der Brote mit einem Schuss Olivenöl beträufeln und im Ofen rösten.

○ Mit Hummus bestreichen, mit ein paar Scheiben Radieschen belegen und mit Schnittlauch bestreuen.

○ Noch einen Schuss Olivenöl daraufgeben und servieren.

Ciabatta mit Tomate

4

Tomatenpüree
450 g

Knoblauch
x 2 große Zehen

 In 10 Minuten vorbereitet

 5 Minuten Kochzeit

 Für 4 Personen

Olivenöl
1 Schuss

Ciabatta
x 1

○ Das Brot der Länge nach halbieren, dann in acht Stücke schneiden. Die Knoblauchzehen halbieren. Eine Grillpfanne anheizen und einen Schuss Öl auf das Brot geben. Die Brotstücke auf beiden Seiten rösten und dann die Kruste mit dem Knoblauch abreiben.

○ Mit Tomatenpüree bestreichen. Salzen, pfeffern und noch einen Schuss Öl hinzugeben.

Samosas mit Spinat und Feta

 In 25 Minuten vorbereitet

 30 Minuten Kochzeit

 Für 4 Personen

Tiefkühlspinat
280 g

Feta
125 g

Pinienkerne
15 g

Olivenöl
3 Esslöffel

Filo-Teig
x 6 Blätter von 43 x 30 cm

Muskatpulver
1 Prise

○ Den getrockneten Spinat hacken. Den Feta in Stücke schneiden. Die Pinienkerne rösten. Den Ofen auf 190 °C vorheizen. Spinat, Pinienkerne, Feta, Muskat und 1 Esslöffel Öl vermischen.

○ 3 mit Öl bepinselte Filo-Blätter darauflegen. Der Länge nach halbieren. Ein Viertel der Füllung in eine Ecke legen und das Rechteck so zusammenklappen, dass sich ein Dreieck bildet. Mit Öl bepinseln und auf ein mit Backpapier belegtes Backblech legen. 3 weitere Samosas herstellen. Für 30 Minuten in den Ofen geben.

Maistaler

 In 15 Minuten vorbereitet
10 Minuten Ruhezeit

 10 Minuten Kochzeit

 Für 8 Stück

Mais
200 g

Polenta
55 g

Eier
x 1 ganzes + 1 Eiweiß

Frühlingszwiebeln
x 3

saure Sahne
150 g

Koriander
2 Stiele

○ Die Zwiebeln hacken. Ein paar Blätter Koriander aufbewahren und den Rest in feine Streifen schneiden. Das Ei und das Eiweiß mit der Polenta schlagen, salzen und pfeffern. Die Maiskörner hinzugeben und 10 Minuten warten. Den gehackten Koriander und die Hälfte der Zwiebeln hinzugeben.

○ 2 Esslöffel Öl in einer Pfanne erhitzen. Die Teigtaler hineingeben und 2 – 3 Minuten anbraten. Umdrehen und 10 Sekunden von der anderen Seite anbraten.

○ Einen Klacks saure Sahne, Frühlingszwiebeln und Koriander hinzugeben.

Ricotta-Kroketten

 In 20 Minuten vorbereitet

 10 Minuten Kochzeit

 Für 4 Personen

Ricotta
450 g

Parmesan
50 g

○ 40 g Parmesan reiben. Das Wasser aufkochen. Den Ricotta, den Parmesan und das Ei mischen und würzen. 60 g Mehl sieben und unterrühren. Den Teig auf eine mit Mehl einge-stäubte Arbeitsplatte legen, 65 g Mehl darauf sieben und den Teig kneten, bis er glatt ist.

Pesto
8 Esslöffel

Ei
x 1

○ Nussgroße Teigmengen abstechen, in den bemehlten Händen rollen und in das kochende Salzwasser geben.

○ Kochen lassen, bis sie an der Oberfläche schwimmen, dann auf einen Teller legen. In Pesto und Parmesan wälzen.

Mehl
140 g

Toast mit Bohnen

 In 10 Minuten vorbereitet

 20 Minuten Kochzeit

 Für 5 Personen

weiße Bohnen in
der Dose
400 g

trockener Weißwein
125 ml

Knoblauch
x 1 Zehe

Tomatenmark
100 g

Zwiebel
x 1 kleine

Brot
x 4 dicke Scheiben

○ Die Bohnen abtropfen lassen und spülen. Die Zwiebel und den Knoblauch hacken. Die Brotscheiben rösten.

○ 2 Esslöffel Olivenöl in einer Pfanne erhitzen. Die Zwiebel hinzufügen, würzen und 8 - 10 Minuten kochen lassen. Den Knoblauch hinzufügen und 1 Minute kochen lassen. Bei mittlerer Hitze das Konzentrat hinzufügen und 2 Minuten kochen lassen. Den Wein hinzugießen, 2 Minuten kochen und dann die Bohnen und 50 ml Wasser hinzufügen. Aufkochen lassen.

○ Würzen und das Brot damit bestreichen.

Croque mit Champignons

✎ **In 5 Minuten vorbereitet**

🍲 **10 Minuten Kochzeit**

☺ **Für 1 Person**

Champignons
75 g

Brioche
x 2 dicke Scheiben

○ Die Champignons scheibeln, Käse reiben. Grill vorheizen. Die Champignons mit der Hälfte der Butter in einer Pfanne anbraten, würzen. 25 g Gruyère mit der Sahne 1 Minute in der Mikrowelle schmelzen.

Crème fraîche
1 Esslöffel

Butter
30 g

○ Die restliche Butter in der sauberen Pfanne schmelzen und die Brioche-Scheiben auf einer Seite anrösten. Eine davon umdrehen, den restlichen Gruyère und die Champignons hinzufügen und dann die andere Scheibe darauflegen. 1 Minute in den Ofen geben, umdrehen und die geschmolzene Mischung darübergießen. Goldbraun anbraten.

Gruyère
50 g

Gallisches Croque

 In 10 Minuten vorbereitet

 5 Minuten Kochzeit

☺ Für 4 Personen

Toastbrot
x 4 Scheiben

reifer Cheddar
175 g

○ Den Cheddar reiben und die Zwiebel in kleine Würfel schneiden. Den Grill auf hohe Temperatur vorheizen und die Brotscheiben von einer Seite rösten.

rote Zwiebel
x ½

Dijon-Senf
1 Esslöffel

○ Den Käse, den Senf, die Eier, die Zwiebel und die Worcestershire-Sauce mischen. Die nicht geröstete Seite des Brots bestreichen.

○ Weitere 3 – 4 Minuten unter dem Grill lassen, bis die Zubereitung aufgegangen und goldgelb ist.

Eier
x 2

Worcestershire-Sauce
¼ Teelöffel

Sandwich mit Avocado und Tomate

Vollkornbrot
x 8 Scheiben

Avocado
x 1 große

 In 10 Minuten vorbereitet

 Ohne Kochen oder Backen

 Für 4 Personen

Tomate
x 1 große

Alfalfasprossen
x 2 große Handvoll

reifer Cheddar
60 g

○ Den Cheddar grob reiben und die Tomate in feine Scheiben schneiden.

○ Die Avocado schneiden, den Kern entternen und das Fleisch auf die 4 Brotscheiben drücken, salzen und pfeffern.

○ Den Cheddar, die Tomatenscheiben und die Alfalfasprossen hinzufügen. Mit einer zweiten Scheibe Brot bedecken.

Quesadillas mit Bohnen

 In 15 Minuten vorbereitet

 10 Minuten Kochzeit

 Für 4 Personen

schwarze Bohnen im Glas
400 g

reifer Cheddar
100 g

Tomaten
x 2 große

Koriander
x 10 Stiele

Weizentortillas (15 cm)
x 8

Olivenöl
6 Teelöffel

○ Die Bohnen abtropfen lassen und waschen. Die Tomaten in Würfel schneiden und den Koriander hacken. Die Tomaten, die Hälfte des Korianders und 2 Teelöffel Öl mischen, salzen und pfeffern. Die Bohnen, den Käse und den restlichen Koriander mischen.

○ 1 Teelöffel Öl in einer Pfanne erhitzen, 2 Tortillas flach hineingeben. Ein paar Bohnen auf einer Hälfte verteilen und die Tortilla zusammenklappen. Goldbraun anbraten, umdrehen und die andere Seite anbraten. Dasselbe mit den anderen Tortillas wiederholen.

Tacos

 In 15 Minuten vorbereitet

 15 Minuten Kochzeit

☺ **Für 4 Personen**

Eier
x 8

reifer Cheddar·
50 g

Avocado
x 1

Tomate
x 1

Mais-Tortillas
x 8 kleine

Koriander
x 1 Stiele

○ Den Cheddar grob reiben. Die Avocado schneiden, den Kern entfernen und tranchieren. Die Tomate in Würfel schneiden. Die Eier leicht schlagen und würzen. 2 Esslöffel Öl bei mittlerer Hitze in einer großen Pfanne mit Antihaftbeschichtung erhitzen und die Eier braten und dabei vermischen. Den Käse unterrühren.

○ Gleichzeitig die Tortillas auf dem Herd oder unter dem heißen Grill rösten. Die Eier auf die Tortillas legen. Mit Avocado, Tomaten und Koriander garnieren.

Halloumi-Burger

Aubergine
x 1 kleine

Halloumi
250 g

 In 15 Minuten vorbereitet

 15 Minuten Kochzeit

 Für 4 Personen

Rucola
25 g

Pesto
2 Esslöffel

○ Die Aubergine in 8 dicke Scheiben und den Halloumi (Grillkäse) in 4 dicke Scheiben schneiden. Die Tomate in Streifen schneiden und das Brot halbieren.

○ Das Brot unter dem Grill rösten. Die Auberginenscheiben mit Öl bepinseln, würzen und von 2 Seiten unter dem Grill rösten.

○ Den Halloumi unter dem Grill 1 – 2 Minuten von jeder Seite goldgelb rösten.

○ Die Burger mit den Auberginenscheiben, dem Halloumi, der Tomate, dem Rucola und dem Pesto aufbauen.

Tomate
x 1 große

Burger-Buns
x 4

Salat mit Zucchini und Feta

reife Zucchini
500 g

Basilikum
ein paar Blätter

Pinienkerne
35 g

Zitrone
x 1

Feta
50 g

Olivenöl
50 ml

🔪 **In 10 Minuten vorbereitet**

🍲 **Ohne Kochen oder Backen**

☺ **Für 4 Personen**

○ Die Zitrone pressen, um 50 ml Saft zu erhalten. Die Zucchini mit einem Sparschäler in Streifen schneiden. Den Feta zerkrümeln. Die Pinienkerne rösten.

○ Den Zitronensaft und das Olivenöl zu einer Emulsion verrühren und dann salzen und pfeffern. Die Zucchinistreifen hinzufügen und mindestens 5 Minuten marinieren lassen.

○ Das Basilikum und den Feta hinzufügen und beim Servieren mit den Pinienkernen bestreuen.

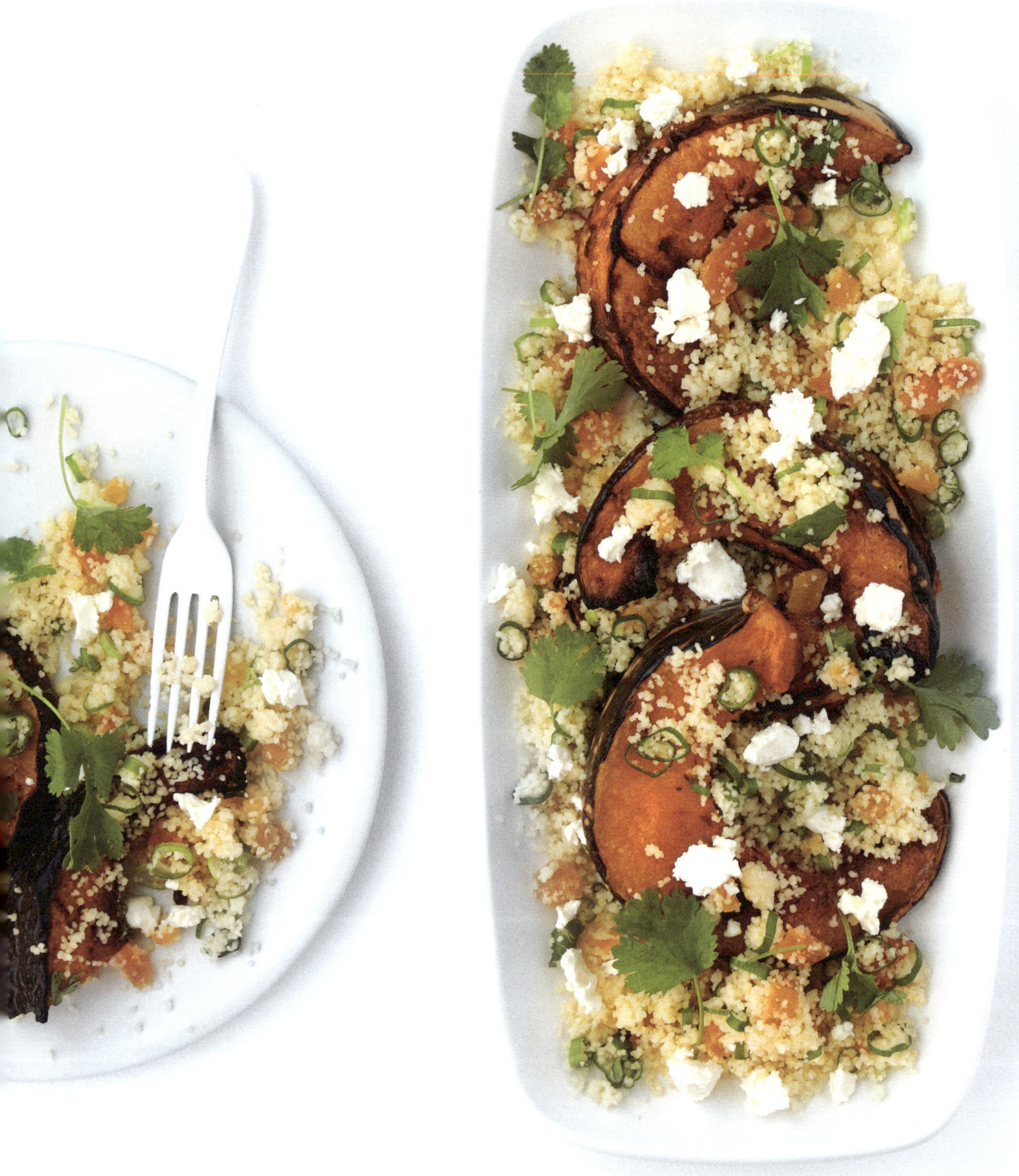

Couscous mit Kürbis

 In 15 Minuten vorbereitet

 50 Minuten Kochzeit

 Für 4 Personen

Flaschenkürbis
1½ kg

Couscous-Grieß
100 g

Feta
30 g

Frühlingszwiebeln
x 2

getrocknete Aprikosen
x 15

Koriander
x 1 Bund

○ Den Kürbis halbieren, die Kerne entfernen und in Stücke schneiden. Die Aprikosen, die Zwiebeln und den Koriander in feine Scheiben schneiden. Den Feta zerkrümeln. Den Ofen auf 200 °C vorheizen. Den Kürbis mit 1 Esslöffel Öl übergießen, salzen und pfeffern. 35 Minuten in den Ofen geben, nach der Hälfte der Zeit umdrehen.

○ In einer Schüssel 175 ml heißes Wasser über den Couscous geben, zudecken und 5 Minuten quellen lassen. Salzen, pfeffern, die Zwiebeln, die Aprikosen, den Feta, den Koriander und die Kürbisstücke hinzufügen.

Krauskohl mit Granatapfel

 In 15 Minuten vorbereitet

 Ohne Kochen oder Backen

 Für 4 Personen

Krauskohl
x 1

Tahin
2 Esslöffel

Kürbiskerne
20 g

Zitrone
x ½

○ Den Krauskohl in feine Streifen schneiden und die dicken Strünke entfernen. Die Kürbiskerne in einer Pfanne mit Haftbeschichtung anrösten. Die Zitrone pressen und 2 Esslöffel Saft auffangen.

○ Tahin, Ahornsirup, Zitronensaft und 2 Esslöffel Olivenöl in einer großen Salatschüssel mischen. Den Krauskohl untermengen und mit den Händen vermischen, um ihn gut zu benetzen.

○ Beim Servieren mit Granatapfelkernen und den Kürbiskernen bestreuen.

Ahornsirup
1 Teelöffel

Granatapfelkerne
100 g

Dinkelsalat mit Blauschimmelkäse

 In 15 Minuten vorbereitet

 25 Minuten Kochzeit

 Für 4 Personen

Dinkel
200 g

Apfel
x 1

Blauschimmelkäse
100 g

Zitrone
x ½

○ Den Apfel vierteln und in Scheiben schneiden. Den Sellerie in feine Scheiben schneiden und die Blätter aufbewahren. Den Blauschimmelkäse in große Würfel schneiden. Die Zitrone pressen.

○ Den Dinkel nach den Anweisungen auf der Verpackung kochen. Mit dem Öl und 2 Esslöffeln Zitronensaft mischen, salzen und pfeffern.

○ Den Apfel, den Sellerie, die Sellerieblätter und den Blauschimmelkäse hinzugeben.

Sellerie
x 2 Zweige

Olivenöl
2 Esslöffel

Rote-Bete-Salat mit Pistazien

 In 20 Minuten vorbereitet

 40 Minuten Kochzeit

 Für 4 Personen

Rote Bete (mit Blättern)
x 4

Couscous-Grieß
175 g

Rotweinessig
2 Esslöffel

Pistazien zur Dekoration
25 g

Feta
100 g

Olivenöl
4 Esslöffel

○ Die Bete waschen und die Blätter auf Stücke von 5 cm schneiden. Den Feta zerkrümeln und die Pistazien hacken. Den Ofen auf 220 °C vorheizen. Die Rote Bete auf ein Blech legen, mit Olivenöl übergießen und abgedeckt 40 Minuten in den Ofen geben. Schälen und in Viertel schneiden.

○ In einer Salatschüssel 375 ml heißes Wasser über den Grieß geben, zudecken und 10 Minuten quellen lassen. Salzen, pfeffern und die Kerne entfernen.

○ Die Hälfte der Rote-Bete-Blätter hacken, den Grieß hinzufügen, Öl und Essig hinzugeben. Die anderen Zutaten hinzufügen.

Quinoa-Salat mit Kichererbsen

 In 15 Minuten vorbereitet

 20 Minuten Kochzeit

 Für 4 Personen

roter und weißer Quinoa
200 g

Kichererbsen in der Dose
200 g

rote Zwiebel
x ½

grüne Zitrone
x 1

Koriander
x 2 Stiele

Honig
1 Teelöffel

○ Die Zwiebel fein hacken. Den Quinoa in einem mittelgroßen Topf anrösten, dann nach den Anweisungen auf der Verpackung kochen. Die grüne Zitrone pressen.

○ 4 Esslöffel Saft einer grünen Zitrone, 2 Esslöffel Olivenöl und den Honig in einer Schale zu einer Emulsion verarbeiten und würzen.

○ Auf den Quinoa gießen. Die Kichererbsen, die rote Zwiebel und den Koriander hinzufügen und dann mischen. 20 – 30 Minuten marinieren lassen.

Linsensalat mit Orange

 In 20 Minuten vorbereitet

 30 Minuten Kochzeit

 Für 4 Personen

Flaschenkürbis
x 1 kleiner

Linsen aus der Dose
580 g

Orangen
x 2

Dill
x 1 Bund

Rosenkohl
150 g

Olivenöl
2 Esslöffel

○ Den Kürbis schälen, die Kerne entfernen und in Würfel von 2 cm schneiden. Die Linsen waschen. Den Rosenkohl in Streifen schneiden. Den Dill mit der Schere kleinschneiden.

○ Den Ofen auf 200 °C vorheizen. Öl auf den Kürbis gießen, würzen und für 25 – 30 Minuten backen, bis er weich ist.

○ Die Linsen mit dem Rosenkohl mischen.

○ 1 Orange pressen und ihren Saft darübergießen. Die restlichen Orangenfilets, den gebackenen Kürbis und den Dill und dann den Rosenkohl hinzufügen.

Erbsensuppe

tiefgekühlte Erbsen
550 g

Gemüsebrühe
1 Liter

 In 10 Minuten vorbereitet

 15 Minuten Kochzeit

 Für 4 Personen

Minze
x 1 großer Bund

Olivenöl
1 Esslöffel

○ Ein paar Blätter Minze zurückbehalten und die anderen
zusammen mit den Zwiebeln
fein hacken. Die Erbsen auftauen. Das Öl bei mittlerer Hitze
erhitzen und die Zwiebeln und
die Minze hinzugeben. 5 Minuten kochen und regelmäßig
umrühren.

○ Die Erbsen und die Brühe
hinzugeben. Aufkochen, dann
die Hitze zurückdrehen und
3 Minuten sieden lassen.

○ Mixen, bis eine glatte Konsistenz
entstanden ist, dann würzen
und mit den übrigen Frühlingszwiebeln und den Minzblättern
dekorieren.

Frühlingszwiebeln
x 1 Bund

Lauch-Kartoffel-Suppe

Kartoffeln
x 2 große

Gemüsebrühe
1 Liter

 In 10 Minuten vorbereitet

 30 Minuten Kochzeit

 Für 4 Personen

Zwiebel
x 1

Lauch
x 2 Stangen

Butter
45 g

○ Die Kartoffeln schälen und in Stücke schneiden. Den Lauch und die Zwiebel in feine Scheiben schneiden. Die Butter bei mittlerer Hitze in einem großen Topf schmelzen und den Lauch, die Kartoffeln und die Zwiebel zugedeckt für 15 Minuten kochen.

○ Die Brühe hinzugeben und auf-kochen, dann die Hitze zurück-drehen und sieden lassen, bis das Gemüse weich ist.

○ Mixen, bis eine glatte Konsistenz entstanden ist, dann würzen.

Chinesische Suppe

 In 10 Minuten vorbereitet

 15 Minuten Kochzeit

 Für 4 Personen

Gemüsebrühe
1½ Liter

chinesische Ravioli
450 g

Ingwer
30 g

rote Peperoni
x 1

○ Die Zuckererbsen abfädeln und halbieren. Den Ingwer schälen und in feine Streifen schneiden, ebenso wie die Peperoni. Die Brühe, den Ingwer und die Peperoni in einem Topf aufkochen. Die Ravioli hinzugeben und aufkochen lassen, dann die Hitze zurückdrehen und 4 Minuten sieden lassen.

○ Zum Schluss die Zuckererbsen hinzufügen und für 2 – 3 Minuten kochen, bis sie weich und die Ravioli gut durchgekocht sind. Die Sojasauce hinzufügen.

Zuckererbsen
125 g

Sojasauce
1 Esslöffel

Spanische Tortilla

Kartoffeln
x 3 große

Zwiebel
x 1

Eier
x 8

Olivenöl
200 ml

glatte Petersilie
ein paar Stiele

 In 10 Minuten vorbereitet

 45 Minuten Kochzeit

 Für 4 Personen

○ Die Kartoffeln schälen, in Viertel und dann in Streifen von 5 mm schneiden. Die Zwiebel und die Petersilie in feine Streifen schneiden. Die Eier leicht aufschlagen. Die Kartoffeln 25 Minuten im Öl bei mittlerer Hitze kochen, bis sie weich sind, sich aber noch nicht verfärbt haben.

○ Mit den Eiern in eine Schüssel geben. Die Zwiebel 10 Minuten anbraten, dann zusammen mit der Petersilie zu den Eiern geben. Das Öl zurückbehalten.

○ Den Grill vorheizen. Die Zubereitung in das zurückbehaltene heiße Öl gießen und 2 Minuten mischen. Omelett kurz grillen.

Omelett soufflée

 In 10 Minuten vorbereitet

 5 Minuten Kochzeit

 Für 4 Personen

Eier
x 6

reifer Cheddar
100 g

Olivenöl
1 Esslöffel

Schnittlauch
x 6 Stängel

○ Eiweiß und Eigelb trennen. Den Cheddar reiben und den Schnittlauch mit der Schere kleinschneiden. Den Grill vorheizen. Das Eiweiß mit einer Prise Salz zu Eischnee schlagen. Das Eigelb aufschlagen, salzen und pfeffern.

○ Das Öl bei schwacher Hitze in einer großen Pfanne erhitzen. Das Eigelb zusammen mit dem Schnittlauch und der Hälfte des Käses unterrühren. Diese Zubereitung in die Pfanne gießen und 2 Minuten anbraten lassen. Mit dem restlichen Cheddar bestreuen, die Ränder hochklappen und noch für 2 – 3 Minuten unter den Grill geben.

Eier im Schmortopf

 In 10 Minuten vorbereitet

 15 Minuten Kochzeit

 Für 4 Personen

Eier
x 8

Crème fraîche
2 Esslöffel

Butter
15 g

Dill
x ½ Bund

○ Den Ofen auf 190 °C vorheizen. 2 Eier in jede, zuvor mit Butter eingefettete, Auflaufform schlagen.

○ Die Crème fraîche hinzugeben und 1 Esslöffel fein geschnittenen Dill auf jedes Ei geben. Würzen.

○ Die Auflaufformen auf ein Geschirrtuch und dann auf das Backblech stellen (damit sie nicht verrutschen) und halbhoch Wasser hinzufügen.

○ 13 – 16 Minuten in den Ofen geben, bis das Eiweiß gekocht ist.

Frittata mit Zucchini und Feta

 In 10 Minuten vorbereitet

 10 Minuten Kochzeit

 Für 4 Personen

Zucchini
x 2

Feta
75 g

Minze
x 1 Bund

Olivenöl
2 Esslöffel

Eier
x 8

○ Die Zucchini grob raspeln, den Feta zerbröseln und die Eier schlagen. Den Grill des Ofens vorheizen. Die Zucchini abtropfen lassen und mit der Minze vermischen, salzen und pfeffern.

○ Die Hälfte des Öls in einer Pfanne erhitzen. Die Zucchini hinzufügen und dann 4 Minuten kochen lassen. Auf die Eier gießen und den Feta hinzufügen.

○ Die Pfanne reinigen und das restliche Öl erhitzen. Die Zubereitung hinzugießen und 1 Minute vermischen. 2 Minuten erhitzen, die Ränder lösen und die Frittata unter den Grill geben: Sie muss aufgehen.

Crème brûlée mit Käse

 In 10 Minuten vorbereitet

 40 Minuten Kochzeit

 Für 4 Personen

Crème fraîche
500 ml

Gruyère
100 g

Eier
x 3

Eigelb
x 2

Parmesan
60 g

○ Den Käse reiben. Den Ofen auf 150 °C vorheizen. Die Crème fraîche mit den ganzen Eiern und den Eigelben schlagen. Die beiden Käse hinzufügen und vorsichtig würzen.

○ In 4 Auflaufformen oder Schmortöpfen mit 225 ml verteilen und diese auf ein Blech stellen.

○ Das heiße Wasser bis zur halben Höhe der Auflaufformen gießen und 40 Minuten in den Ofen geben: Die Crème fraîche muss weich bleiben.

Nudeln mit Cheddar

kurze Nudeln
350 g

reifer Cheddar
175 g

 In 5 Minuten vorbereitet

 15 Minuten Kochzeit

☺ **Für 4 Personen**

Crème fraîche
110 g

○ Den Cheddar reiben. Einen großen Topf Wasser zum Kochen bringen und salzen. Die Nudeln nach den Anweisungen auf der Verpackung kochen, abgießen und aufbewahren.

○ Den Topf bei mittlerer Hitze wieder auf den Herd stellen und die Crème fraîche schmelzen lassen, dann den Käse, bis eine homogene Sauce entstanden ist.

○ Die Nudeln in einen Topf geben und gut mischen.

Express-Tortellini

Käsetortellini
450 g

Gemüsebrühe
1 Liter

 In 5 Minuten vorbereitet

 10 Minuten Kochzeit

 Für 4 Personen

Pesto
3 Esslöffel

Parmesan
50 g

○ Die Brühe und die Tortellini in einem großen Topf aufkochen. Den Parmesan reiben.

○ Die Hitze reduzieren und 5 Minuten sieden lassen. Die Zuckererbsen hinzufügen und für 3 Minuten wieder auf den Herd stellen.

○ Vom Herd nehmen, auf tiefe Teller verteilen und Pesto hinzufügen. Den Parmesan darüberstreuen.

Zuckererbsen
175 g

Linguine mit Zitrone

🔪 **In 5 Minuten vorbereitet**

🍲 **15 Minuten Kochzeit**

☺ **Für 4 Personen**

frische Linguine
350 g

Zitrone
x 1

Parmesan
75 g

Olivenöl
50 ml

○ Zesten von der Zitrone schaben und aufbewahren. Die Zitrone pressen und ihren Saft auffangen. Den Parmesan reiben.

○ Die Nudeln wie auf der Verpackung angegeben kochen, abgießen und 225 ml des Kochwassers auffangen.

○ Die Nudeln mit dem Öl, dem Zitronensaft und den Zitronenzesten und dem Parmesan in den Topf geben. Großzügig pfeffern und ausreichend viel Kochwasser hinzufügen, um eine cremige Sauce zu erhalten.

Kürbisravioli und Salbei

Kürbisravioli
500 g

Butter
60 g

Olivenöl
1 Teelöffel

Parmesan
50 g

Salbeiblätter
x 1 Bund

 In 5 Minuten vorbereitet

 15 Minuten Kochzeit

 Für 4 Personen

○ Die Ravioli wie auf der Verpackung angegeben kochen. Abgießen und Öl hinzufügen. Den Parmesan reiben.

○ Die Butter in einer Pfanne bei mittlerer Hitze erhitzen, bis sie schaumig ist. Die Salbeiblätter hineinlegen und 2 Minuten anbraten, bis sie kross sind und die Butter eine goldgelbe Farbe annimmt.

○ Die Ravioli in die Pfanne geben und vorsichtig bedecken. Mit dem Parmesan bestreuen.

Pasta Carbo mit Erbsen

In 10 Minuten vorbereitet

15 Minuten Kochzeit

Für 4 Personen

Mezze Rigatoni
350 g

tiefgekühlte Erbsen
250 g

Eigelbe
x 2

Estragon
x 5 Stängel

Parmesan
50 g

○ Den Parmesan reiben und den Estragon hacken. Die Nudeln nach den Anweisungen auf der Verpackung kochen und 2 Minuten vor Ende der Kochzeit die Erbsen hinzufügen.

○ Abgießen und ein wenig Koch-wasser auffangen. Anschlie-ßend den Topf wieder auf den Herd stellen.

○ Das Eigelb, den Estragon und den Parmesan hinzugeben und gut mischen, um alles zu benetzen. Ein wenig Kochwasser hinzufügen, um eine cremige Sauce zu erhalten. Großzügig pfeffern.

Spaghetti Marinara

 In 5 Minuten vorbereitet

 25 Minuten Kochzeit

 Für 4 Personen

Spaghetti
375 g

Tomaten-Basilikum-
Sauce
550 g

Basilikum
x 1 kleiner Bund

Olivenöl
4 Esslöffel

Gemüsebrühe
850 ml

Parmesan
x 1 Stück

○ Die Spaghetti, die Sauce, 2 Esslöffel Olivenöl und die Brühe mit 2 Stielen Basilikum in einen Schmortopf geben. Den Parmesan reiben.

○ Unter regelmäßigem Umrühren zum Kochen bringen, dann die Hitze zurückdrehen und 15 – 20 Minuten sieden lassen und verrühren, bis die Nudeln weich sind und die Sauce angedickt ist.

○ Auf tiefe Teller verteilen. Mit dem Basilikum und dem Parmesan bestreuen. Ein wenig Olivenöl darübergießen.

Griechische Risoni

 In 10 Minuten vorbereitet

 10 Minuten Kochzeit

 Für 4 Personen

Risoni-Nudeln
350 g

Tomaten
400 g

schwarze Oliven
85 g

glatte Petersilie
x ½ Bund

Feta
100 g

Rotweinessig
1 Esslöffel

○ Die Kerne der Oliven entfernen und die Oliven grob hacken. Die Tomaten in Viertel schneiden. Den Feta zerkrümeln.

○ Die Nudeln nach den Anweisungen auf der Verpackung kochen. Abgießen, spülen und in eine große Schüssel geben.

○ Tomaten, Oliven, Feta und Petersilie hinzufügen. Salzen, pfeffern. 3 Esslöffel Öl und den Essig hinzugeben und dann mischen.

Pasta mit Mangold und Bohnen

 In 10 Minuten vorbereitet

 25 Minuten Kochzeit

 Für 4 Personen

Orecchiette
350 g

Mangold
x 1 Bund

○ Die Blattstiele vom Mangold entfernen und die Blätter hacken. Den Knoblauch in feine Scheiben schneiden. Die Bohnen abtropfen lassen und waschen. Den Parmesan reiben.

Knoblauch
x 4 Zehen

weiße Bohnen in der Dose
400 g

○ 2 Esslöffel Olivenöl in einem Topf erhitzen und den Knoblauch anrösten. Vom Herd nehmen, die Brühe und die Orecchiette hinzugeben und zum Kochen bringen. 10 Minuten sieden lassen.

Gemüsebrühe
1 Liter

Parmesan
50 g

○ Den Mangold hinzugeben und kochen, bis er eingefallen ist und die Nudeln weich sind. Die weißen Bohnen und den Parmesan hinzufügen, dann pfeffern.

Nudeln mit Tofu und Brokkoli

38

schnittfester Tofu
400 g

Reisnudeln
225 g

 In 20 Minuten vorbereitet

 15 Minuten Kochzeit

 Für 4 Personen

Thai-Sauce mit
Erdnüssen
100 g

Sojasauce
2 Esslöffel

○ Den Tofu zerdrücken. Die Zwiebel in feine Streifen schneiden. Die Reisnudeln nach den Anweisungen auf der Verpackung kochen, abgießen und spülen. Röschen vom Brokkoli zupfen.

○ 1 Esslöffel Olivenöl in einer großen Pfanne erhitzen und den Tofu anrösten. Aufbewahren.

○ 1 Esslöffel Öl erhitzen und die Brokkoli-Röschen braten, bis sie weich sind, ein wenig Wasser hinzugeben. Den Tofu und die Nudeln unterrühren. Die Erdnusssauce und die Sojasauce darübergeben. Mit den Frühlingszwiebeln bestreuen.

Brokkoli
300 g

Frühlingszwiebeln
x 2

Frittata mit Pasta

 In 5 Minuten vorbereitet

 15 Minuten Kochzeit

 Für 4 Personen

Parmesan
50 g

Eier
x 6

Spaghetti
500 g

Olivenöl
3 Esslöffel

○ Die Spaghetti kochen. Den Parmesan reiben. Den Ofen auf 200 °C vorheizen. Die Eier leicht aufschlagen, würzen, ein Drittel des Parmesans hinzugeben, dann die Spaghetti.

○ Das Öl in einer großen Pfanne erhitzen und mit den Spaghetti auf den Herd geben. Die Zubereitung auf die Eier gießen und 1 Minute kochen.

○ Ein Drittel des Parmesans darüberstreuen, dann 5 Minuten in den Ofen geben, bis die Frittata knusprig ist. Herausnehmen, mit dem restlichen Parmesan bestreuen und dann erneut 5 Minuten in den Ofen geben.

Risotto mit Zitrone

 In 10 Minuten vorbereitet

 35 Minuten Kochzeit

 Für 4 Personen

Reis (Arborio)
325 g

Gemüsebrühe
1 Liter

○ Die Gemüsebrühe erhitzen. Die Zwiebel hacken. Den Parmesan reiben. Zesten von der Zitrone schaben, dann auspressen.

○ 2 Esslöttel Olivenöl in einer großen Pfanne erhitzen und die Zwiebeln 10 Minuten anbraten.

Crème fraîche
100 g

Parmesan
25 g

○ Den Reis hinzugeben, vermischen und dann einen Schuss Brühe hinzugeben und rühren, bis der Reis sie aufgenommen hat. Die Hitze zurückdrehen und das Ganze unter Rühren wiederholen, bis der Reis fast durchgekocht ist (20 Minuten). Die Crème fraîche, den Parmesan und den Zitronensaft hinzugeben und würzen.

Zwiebel
x 1

Zitrone
x 1

Risotto mit Pesto

 In 10 Minuten vorbereitet

 35 Minuten Kochzeit

 Für 4 Personen

Reis (Arborio)
325 g

Gemüsebrühe
1 Liter

Zwiebel
x 1

Crème fraîche
55 g

trockener Weißwein
125 ml

Pesto
4 Esslöffel

○ Die Zwiebel fein hacken. Den Ofen auf 180 °C vorheizen. 3 Esslöffel Olivenöl in einem Bräter erhitzen, in den Ofen geben und die Zwiebel 8 – 10 Minuten anrösten.

○ Den Reis hinzugeben, vermischen, dann den Wein hinzugießen und sieden lassen, bis der Wein verdampft ist.

○ Die Brühe dazugießen, aufkochen, dann zudecken und in den Ofen geben, bis der Reis weich ist und die Brühe absorbiert hat (15 – 18 Minuten).

○ Würzen, dann die Crème fraîche und das Pesto hinzugeben.

Brauner Reis und Spiegeleier

 In 15 Minuten vorbereitet

 45 Minuten Kochzeit

 Für 2 Personen

brauner Langkornreis
100 g

Frühlingszwiebeln
x 4

Avocado
x 1

Koriander
x 1 großer Bund

○ Die Zwiebeln und die Avocado in kleine Stücke schneiden. Den Reis in einem Wok kochen.

○ Zur Seite schieben und 1 Esslöffel Olivenöl hinzufügen. Das Weiße der Zwiebeln hinzufügen, mit dem Reis vermischen, bis das Ganze knusprig ist. Zur Seite stellen.

○ 2 Esslöffel Olivenöl hinzufügen und die Spiegeleier braten. Würzen und den Reis in 2 Schalen verteilen. Das Ei, die Avocado, den Koriander, das Grün der Zwiebeln und die Sriracha-Sauce (thailändische Chilisauce) hinzugeben.

Eier
x 4

Sriracha-Sauce
2 Teelöffel

Tarte mit Käse und Spargel

 In 15 Minuten vorbereitet

 30 Minuten Kochzeit

 Für 4 Personen

Blätterteig
x 1 Rolle

Gruyère
100 g

Spargel
425 g

Olivenöl
1 Schuss

○ Den harten Teil des Spargels abschneiden und den Rest in unregelmäßige Stücke von 5 cm schneiden. Den Gruyère grob reiben.

○ Den Ofen auf 200 °C vorheizen. Die Blätterteigrolle auf einem mit Backpapier belegten Blech ausrollen. Einen Rand von 1 cm lassen (ohne ihn abzuschneiden) und die ganze Mitte mit einer Gabel anstechen.

○ 15 Minuten blindbacken, bis der Teig goldgelb ist. Den Käse und dann den Spargel in die Mitte legen. Würzen und einen Schuss Olivenöl hinzugeben, dann für 20 Minuten in den Ofen geben.

Käsequiche

Mürbeteig
x 1 Rolle

Vollmilch
500 ml

Eier
x 6

Schnittlauch
x 1 Bund

Gruyère
225 g

 In 10 Minuten vorbereitet

 1 Stunde 15 Minuten Kochzeit

 Für 4 Personen

○ Den Käse reiben und den Schnittlauch mit der Schere kleinschneiden. Den Ofen auf 220 °C vorheizen. Den Mürbeteig auf einem Backblech ausrollen und blindbacken.

○ Die Eier mit der Milch aufschlagen, salzen und pfeffern. Den Käse und den Schnittlauch hinzugeben, bevor das Ganze auf den bereits gebackenen Teig gegeben wird.

○ 45 Minuten in den Ofen geben, bis die Quiche aufgegangen, durchgebacken und goldgelb ist.

Tomaten-Tatin

Blätterteig
x 1 Rolle

Kirschtomaten
450 g

Balsamico-Essig
2 Esslöffel

Thymian
ein paar Stiele

Zwiebel
x 1 große

Olivenöl
3 Esslöffel

 In 15 Minuten vorbereitet

 30 Minuten Kochzeit

 Für 4 Personen

○ Die Zwiebel in feine Scheiben schneiden, das Basilikum zupfen. Den Ofen auf 200 °C vorheizen. Eine Pfanne auf den Herd geben, die kleiner als der Teig ist. Die Zwiebeln anbraten. Salzen, pfeffern, den Essig hinzufügen, dann in eine Schale füllen.

○ Das restliche Öl darübergießen, die Tomaten und den Thymian in die Pfanne geben und schmoren lassen, Zwiebel hinzugeben.

○ Mit dem Teig bedecken, indem der Rand nach innen geklappt wird, und anstechen. 30 Minuten in den Ofen geben. Abkühlen lassen und aus der Form nehmen.

Flaschenkürbis-Pizza

Flaschenkürbis
x 1 kleiner

Pizzateig
450 g

 In 15 Minuten vorbereitet

 30 Minuten Kochzeit

 Für 4 Personen

rote Zwiebel
x ½

Salbei
x 5 Blätter

reifer Cheddar
125 g

Olivenöl
1 Esslöffel

○ Kürbis schälen und schneiden. Cheddar reiben. Zwiebel und Salbei hacken.

○ Den Ofen auf 200 °C vorheizen. Den Kürbis mit Öl bepinseln, würzen und in einer Schicht auf eine mit einer Backmatte bedeckte Auffangform legen. Für 15 Minuten in den Ofen geben.

○ Auf einem leicht eingemehlten Blech aus dem Pizzateig ein großes Oval formen. Mit der Hälfte des Käses und dem ganzen Salbei bestreuen. Den Kürbis, die Zwiebel und den restlichen Käse darauflegen, dann einen Schuss Öl. Für 12 – 15 Minuten bei 240 °C in den Ofen geben.

Auberginen-Gratin

In 10 Minuten vorbereitet

40 Minuten Kochzeit

Für 4 Personen

Aubergine
x 1 große

verschiedene Tomaten
300 g

Balsamico-Essig
2 Esslöffel

Basilikum
ein paar Blätter

Mozzarella
200 g

Olivenöl
75 ml

○ Die Aubergine schälen und in Würfel von 2 cm schneiden. Die Tomaten halbieren. Die Basilikumblätter mit der Schere kleinschneiden.

○ Den Ofen auf 200 °C vorheizen. Die Aubergine mit Öl einpinseln und auf einem kleinen Blech abgedeckt 25 Minuten backen.

○ Den Essig, die Tomaten und das Basilikum hinzufügen. Salzen, pfeffern und noch 10 Minuten in den Ofen schieben, bis die Aubergine weich ist.

○ Den in Scheiben geschnittenen Mozzarella hinzufügen und noch 5 Minuten backen lassen.

Spinatschnitten

Tiefkühlspinat
300 g

Brot
200 g

Vollmilch
500 ml

Eier
x 6

Manchego-Käse
140 g

 **In 20 Minuten vorbereitet
8 Stunden Ruhezeit**

 50 Minuten Kochzeit

 Für 4 Personen

○ Den Spinat auftauen, abtropfen lassen und hacken. Das Brot in Würfel von 2 cm schneiden. Den Manchego reiben.

○ Auf ein viereckiges Blech mit 20 cm abwechselnd eine Schicht Brot, eine Schicht Spinat und eine Schicht Käse legen, bis alle Zutaten verbraucht sind.

○ Die Eier mit der Milch leicht aufschlagen, salzen und pfeffern. Auf die Schnitten gießen, abdecken und mindestens 8 Stunden kühlen.

○ Den Ofen auf 180 °C vorheizen. 50 Minuten in den Ofen geben, bis die Oberseite goldgelb ist.

Zwiebelgratin

 In 10 Minuten vorbereitet

 1 Stunde 15 Minuten Kochzeit

 Für 4 Personen

Zwiebeln
x 3

Crème fraîche
100 g

Thymian
x 5 Stiele

Olivenöl
2 Esslöffel

Gorgonzola
75 g

○ Die Zwiebeln in sechs Stücke schneiden, den Gorgonzola in große Stücke schneiden.

○ Den Ofen auf 180 °C vorheizen. Die Zwiebeln, das Ol und die Thymianblätter mischen. Würzen und auf einem kleinen Blech für 1 Stunde – 1 Stunde 10 Minuten backen lassen, bis die Zwiebeln weich und leicht angebräunt sind. Dabei von Zeit zu Zeit vermischen.

○ Die Crème fraîche und den Gorgonzola hinzufügen.

○ Den Grill vorheizen und das Gratin unter den Grill stellen, bis der Käse Blasen wirft.

Gratin provençale

Zucchini
x 2 mittelgroße

Tomaten
400 g

Thymian
x 5 Stiele

Olivenöl
4 Esslöffel

Ziegenfrischkäse
85 g

 In 15 Minuten vorbereitet

 1 Stunde 10 Minuten Kochzeit

 Für 2 Personen

○ Die Zucchini diagonal in Scheiben von 5 mm Stärke schneiden und die Tomaten in Scheiben von 1 cm Stärke. Den Ziegenkäse abtropfen lassen.

○ Den Ofen auf 190 °C vorheizen. Einen Schuss Olivenöl auf ein Gratinblech geben. Abwechselnd Schichten aus Tomaten und Zucchini legen und dann den Thymian darüberstreuen. Einen Schuss Olivenöl daraufgeben und würzen. Zudecken und 30 Minuten in den Ofen geben.

○ Abdecken, den Käse darüberstreuen und noch 30 – 40 Minuten offen backen, bis der Käse leicht goldgelb ist.

Lasagne mit Zucchini

 **In 20 Minuten vorbereitet
30 Minuten Ruhezeit**

 20 Minuten Kochzeit

 Für 2 Personen

Zucchini
x 1 große

Tomatensauce
280 g

Parmesan
25 g

Mozzarella
55 g

Ricotta
450 g

Basilikum
x 1 Bund

○ Die Zucchini in 12 feine Streifen schneiden. Salzen und für 30 Minuten in ein Sieb geben. Mit Küchenpapier trocknen. Den Parmesan reiben. Den Mozzarella und das Basilikum hacken.

○ Den Ofen auf 190 °C vorheizen. Den Ricotta salzen und pfeffern und mit dem Parmesan und dem Basilikum mischen.

○ 50 g Sauce auf den Boden eines Blechs gießen und 4 Streifen Zucchini daraufgeben. Die Hälfte des Riccotas und 85 g Sauce daraufgeben. Dies fortsetzen, mit der Tomatensauce abschließen. Mit Mozzarella bestreuen und 20 Minuten backen.

Lauchgratin

 In 5 Minuten vorbereitet

 1 Stunde 5 Minuten Kochzeit

 Für 4 Personen

Lauch
x 4 kleine Stangen

Crème fraîche
250 ml

glatte Petersilie
x 5 Stiele

Parmesan
25 g

○ Den Parmesan und die glatte Petersilie fein hacken. Den Ofen auf 190 °C vorheizen. Das Dunkelgrüne vom Lauch entfernen, den Lauch halbieren, ohne ihn ganz durchzuschneiden, und dann reinigen.

○ Den Lauch in einer Schicht auf ein Blech legen, würzen und mit Crème fraîche bedecken. Mit Alufolie abdecken und in den Ofen geben. Nach 50 Minuten herausnehmen.

○ Abdecken und mit Parmesan und Petersilie bestreuen. Noch 15 Minuten in den Ofen geben, bis das Gratin goldgelb ist.

Gebackene Süßkartoffeln

Süßkartoffeln
x 4 mittelgroße

**schwarze Bohnen
aus der Dose**
400 g

 In 10 Minuten vorbereitet

 1 Stunde Kochzeit

 Für 4 Personen

Knoblauch
x 2 Zehen

Olivenöl
2 Esslöffel

○ Die Bohnen abgießen und waschen. Die Knoblauchzehe fein hacken. Den Ofen auf 200 °C vorheizen. Die Süßkartoffeln anstechen und auf Alufolie für 45 – 60 Minuten in den Ofen geben, bis sie weich sind.

○ Das Öl in einer Pfanne bei schwacher Hitze erhitzen und den Knoblauch anbräunen. Die Bohnen hinzufügen und den Spinat mit dem Ganzen anschwitzen.

○ Die Süßkartoffeln halbieren und die Bohnenzubereitung darübergießen. Einen Esslöffel Sauerrahm hinzufügen.

Spinatblätter
100 g

Sauerrahm
4 Esslöffel

Gefüllte Paprika

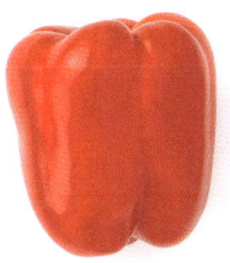

rote Paprika
x 4

Kirschtomaten
400 g

 In 10 Minuten vorbereitet

🍲 1 Stunde Kochzeit

☺ Für 4 Personen

gelbe Paprika
x 1

Pesto
2 Esslöffel

○ Den Ofen auf 220 °C vorheizen. Den Burrata (Mozzarella aus Kuhmilch) in Stücke schneiden. Die Paprika der Länge nach halbieren und entkernen Die gelbe Paprika in feine Scheiben schneiden.

○ Die halben roten Paprika mit Tomaten und gelbem Paprika füllen, einen Schuss Olivenöl hinzugeben, salzen und pfeffern.

○ 30 Minuten zugedeckt in den Ofen geben, dann abdecken und noch weitere 30 Minuten backen. Etwas Burrata und Pesto hinzugeben.

Burrata
100 g

Olivenöl
1 Esslöffel

Gebackener Blumenkohl

 In 10 Minuten vorbereitet

 50 Minuten Kochzeit

 Für 4 Personen

Blumenkohl
x 1 großer

Parmesan
30 g

Olivenöl
2 Esslöffel

Zitrone
x 1

Dijon-Senf
2 Esslöffel

○ Den Ofen auf 200 °C vorheizen und einen Schmortopf darin anwärmen. Die Blätter vom Blumenkohl entfernen und ihn am Strunk kreuzförmig einschneiden. Parmesan reiben und die Zitrone vierteln.

○ Den Senf und das Öl mischen und mit der Hälfte den Blumenkohl einpinseln. In den Schmortopf legen und 20 Minuten in den Ofen geben, dann abdecken und noch 30 Minuten backen, bis er weich ist.

○ Den Blumenkohl mit der restlichen Sauce bepinseln und mit Parmesan bestreuen. Mit den Zitronenvierteln servieren.

Gebackene Champignons

 In 15 Minuten vorbereitet

 15 Minuten Kochzeit

 Für 4 Personen

Champignons (groß)
300 g

Panko-Flocken
50 g

Ei
x 1

Thymian
x 10 Stiele

Parmesan
35 g

Olivenöl
2 Esslöffel

○ Die Stiele der Champignons entfernen. Den Parmesan reiben. Die Eier leicht aufschlagen. Den Ofen auf 220 °C vorheizen.

○ Den Thymian, die Panko-Flocken (japanisches Paniermehl), den Parmesan und das Öl in einen tiefen Teller geben, salzen und pfeffern. Die Champignons mit Öl benetzen, dann in der Panko-Zubereitung wälzen, sodass sie daran haften bleibt.

○ Auf ein mit Backpapier belegtes Backblech legen und für 10 – 15 Minuten in den Ofen geben, bis sie knusprig sind.

Gefüllte Kartoffeln

 In 10 Minuten vorbereitet

 1 Stunde 10 Minuten Kochzeit

 Für 4 Personen

Kartoffeln
x 4 große

Crème fraîche
100 ml

Ziegenkäse
85 g

Olivenöl
1 Schuss

○ Den Ofen auf 190 °C vorheizen. Die Kruste vom Käse entfernen.

○ Die Kartoffeln mit Öl bepinseln, mit einer Gabel anstechen, würzen und für 45 Minuten in den Ofen geben, bis sie weich sind.

○ Einen Deckel abschneiden und die Kartoffeln mit Hilfe eines Löffels aushöhlen, dabei 1 cm Dicke stehen lassen. Die ausgehöhlte Masse in eine Schale geben, pürieren, dann die Crème fraîche und den Käse unterrühren, salzen und pfeffern.

○ Die Kartoffeln füllen und 20 – 25 Minuten in den Ofen geben.

Ofen-Auberginen

 In 10 Minuten vorbereitet

 50 Minuten Kochzeit

 Für 4 Personen

Mini-Auberginen
x 4

Zitronen
x 2

Olivenöl
120 ml

getrockneter Oregano
2 Teelöffel

Feta
200 g

○ Die Auberginen halbieren, bis auf drei Viertel. 1 Zitrone in feine Scheiben schneiden und die andere auspressen. Den Ofen auf 230 °C vorheizen. Die Auberginen auf ein Blech setzen, die Zitronenscheiben dazwischenlegen, Zitronensaft darübergießen, mit 1 Teelöffel Oregano bestreuen und salzen. Mit Alufolie abdecken und für 40 Minuten in den Ofen geben.

○ Den Feta auf ein Stück Alufolie legen, mit Öl bepinseln. Die Alufolie verschließen und für 10 Minuten in den Ofen geben.

○ Den zerbröselten Feta über die Auberginen streuen.

Gebackene Karotten mit Kümmel

 In 15 Minuten vorbereitet

 15 Minuten Kochzeit

 Für 4 Personen

junge Karotten
400 g

Avocado
x 1

Koriander
x ½ Bund

Kümmel
1 Teelöffel

○ Die Karotten reinigen. Die Avocado in Scheiben schneiden und den Kern entfernen. Den Ofen auf 220 °C vorheizen. Die Karotten mit einem Esslöffel Öl und dem Kümmel auf einem Teller mischen, salzen und pfeffern. Für 10 – 15 Minuten in den Ofen geben, bis sie weich sind.

○ Die Avocadoscheiben hinzufügen, mit dem Koriander bestreuen, dann einen Schuss Olivenöl hinzugeben. Mit dem Laban (arabische Sauermilch) servieren.

Laban
200 g

Olivenöl
2 Esslöffel

Ofen-Fritten

In 10 Minuten vorbereitet

40 Minuten Kochzeit

Für 4 Personen

Kartoffeln
900 g

Kirschtomaten
200 g

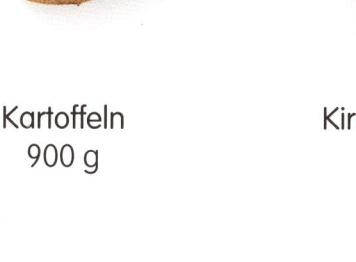

Eier
x 4

Olivenöl
2 Esslöffel

○ Die Kartoffeln reinigen und in
  große Fritten schneiden. Den
  Ofen auf 200 °C vorheizen. Die
  Fritten auf ein Gratinblech legen.
  Mit Öl bepinseln und würzen.
  30 Minuten im Ofen backen,
  bis sie alle gerade weich sind.

○ Die Tomaten hinzufügen,
  4 Vertiefungen formen und je
  1 Ei hineinschlagen. Für 10 Minuten in den Ofen geben, bis das
  Eiweiß gestockt ist.

Spaghettikürbis

Spaghettikürbis
x 1

Kirschtomaten
400 g

Parmesan
25 g

Knoblauch
x 6 Zehen

Basilikum
x 1 Bund

Thymian
x 5 Stiele

 In 10 Minuten vorbereitet

 40 Minuten Kochzeit

 Für 2 Personen

○ Den Kürbis halbieren, entkernen, mit Öl bepinseln, salzen, pfeffern und mit der Schnittseite nach oben auf ein Blech legen.

○ Den nicht geschälten Knoblauch, die Tomaten, den Thymian und 1 Esslöffel Öl vermischen. Das Ganze auf dem Blech verteilen und für 40 Minuten bei 190 °C in den Ofen geben.

○ Das Kürbisfleisch mit einer Gabel lösen. Den Knoblauch pressen. Mit den Tomaten, dem Basilikum und 2 Esslöffeln Öl mischen. Würzen, Basilikum, Thymian über den Kürbis verteilen und mit dem Parmesan bestreuen.

Kohl-Duett mit Sahne

 In 10 Minuten vorbereitet

 10 Minuten Kochzeit

 Für 4 Personen

Blumenkohl
x 1 großer

Brokkoli
x 1 großer

reifer Cheddar
150 g

Crème fraîche
100 g

○ Röschen vom Blumenkohl und Brokkoli zupfen. Den Cheddar grob reiben.

○ Einen großen Topf Wasser zum Kochen bringen und salzen. Den Brokkoli und den Blumenkohl für 4 Minuten sieden lassen, oder bis sie weich sind. Abgießen und in eine große Schüssel geben.

○ Den Topf wieder auf den Herd geben und die Crème fraîche erhitzen und den Käse hinzufügen. Würzen und über das Gemüse gießen.

Champignons Stroganoff

 In 10 Minuten vorbereitet

 15 Minuten Kochzeit

 Für 2 Personen

verschiedene Champignons
300 g

Weißwein
125 ml

glatte Petersilie
x 5 Stängel

Knoblauch
x 2 Zehen

Crème fraîche
50 ml

Olivenöl
2 Esslöffel

○ Die Champignons in feine Scheiben schneiden. Die glatte Petersilie grob hacken und die Knoblauchzehen fein hacken.

○ Das Öl bei mittlerer Hitze in einer Antihaft-Pfanne erhitzen. Die Champignons hineinlegen und würzen, dann für 4 Minuten anbraten. Den Knoblauch hinzu-fügen und für 1 weitere Minute braten.

○ Den Wein darübergießen und für 4 – 5 Minuten einreduzieren lassen. Die Crème fraîche hinzu-geben und sieden lassen, bis die Sauce andickt, dann vom Herd nehmen und mit der Petersilie bestreuen.

Wok-Gemüse

 In 10 Minuten vorbereitet

 8 Minuten Kochzeit

 Für 2 Personen

Frühlingszwiebeln
x 4

Ingwer
25 g

Pak Choi
200 g

Sojasauce
3 Esslöffel

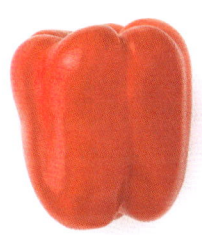

Paprika
x 1 rote + 1 gelbe

tiefgekühlte Edamame
100 g

○ Die Zwiebeln in feine Scheiben schneiden, dabei die Knolle vom Kraut trennen. Den Ingwer schälen und hacken. Die Paprika in Scheiben schneiden. Den Pak Choi (chinesischer Blätterkohl) grob schneiden und die Edamame (japanische Bohnen) auftauen.

○ Das Weiß der Zwiebeln, die Paprika und den Ingwer mit 2 Esslöffeln Öl für 5 Minuten in einem Wok anbraten. Den Pak Choi hinzugeben und für 1 Minute braten. Die Sojasauce und die Edamame hinzugeben. Noch 2 Minuten braten lassen. Mit Grün der Zwiebeln bestreuen.

Panir-Curry

Panir
300 g

Tomatenpüree
800 g

 In 15 Minuten vorbereitet

 50 Minuten Kochzeit

 Für 4 Personen

Zwiebel
x 1 große

Currypulver
1 Esslöffel

○ Den Panir (indischer Frischkäse) in Würfel von 3 x 3 cm schneiden. Die Zwiebel in feine Streifen schneiden. Den Panir in 1 Esslöffel Öl in einer Antihaft-Pfanne goldgelb anbraten. In eine Schüssel legen und mit kochendem Wasser übergießen.

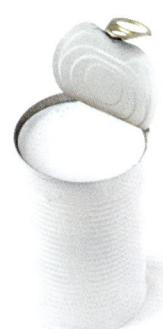

Kokosmilch
150 ml

Koriander
x 1 Bund

○ Die Pfanne reinigen, 1 Esslöffel Öl erhitzen und die Zwiebel für 10 Minuten braten. Den Curry hinzugeben und 1 Minute umrühren. Die Tomaten hinzufügen, aufkochen und 20 Minuten sieden lassen.

○ Panir, Kokosmilch hinzugeben. Sieden lassen, vom Herd nehmen, mit Koriander garnieren.

Shakshuka

geschälte Tomaten
aus der Dose
800 g

rote Zwiebel
x 1 große

Laban
100 g

Eier
x 8

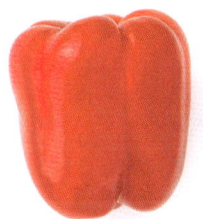

rote Paprika
x 2 große

Olivenöl
4 Esslöffel

 In 15 Minuten vorbereitet

 45 Minuten Kochzeit

 Für 4 Personen

○ Die Tomaten zerdrücken. Die Zwiebel in feine Scheiben schneiden. Die Paprika vierteln, entkernen und dann in Streifen schneiden. Das Öl in einer Pfanne erhitzen. Die Zwiebel und die Paprika hinzufügen, salzen, pfeffern, dann 10 Minuten zugedeckt kochen lassen.

○ Den Deckel entfernen und noch 15 Minuten kochen lassen. Die Tomaten hinzufügen, aufkochen, die Hitze zurückdrehen und 20 Minuten sieden lassen.

○ 8 Vertiefungen formen, Sauce und je 1 Ei hineingeben. 10 Minuten sieden lassen. Einen Löffel Laban hinzufügen.

Kohlsteaks mit Ziegenkäse

 In 10 Minuten vorbereitet

 35 Minuten Kochzeit

 Für 4 Personen

Grünkohl
x 1 kleiner

roter Apfel
x 1

geschälte Mandeln
30 g

Thymian
x 5 Stiele

○ Den Kohl in 4 Scheiben von 2 cm Dicke schneiden, den Apfel in feine Scheiben schneiden, die Kerne entfernen. Den Ziegenkäse in 4 Stücke schneiden. Den Ofen auf 200 °C vorheizen.

○ Den Kohl mit Öl bepinseln, würzen und für 25 Minuten in den Ofen geben. Nach der Hälfte der Kochzeit herausnehmen.

○ Die Apfelscheiben darauflegen, 1 Scheibe Käse und wieder Apfelschreiben. Mit Mandeln bedecken, dann mit Thymian bestreuen. 10 Minuten in den Ofen geben.

Ziegenkäse
300 g

Olivenöl
3 Esslöffel

Was macht man womit?

Die Originalausgabe erschien 2016 unter dem Titel:
Veggie Super Facile

© 2023 Librero IBP (für die deutschsprachige Ausgabe)
www.librero-ibp.com

© Hachette Livre (Marabout), 2016
Ergänzende Fotografien © Akiko Ida: Koriander
(Rezepte 6, 12 13, 16, 20, 42, 59, 65); Kichererbsen
(Rezept 20); Gorzonzola (Rezept 49); © Valéry Guédès:
Mürbeteig (Rezept 44)

Produktion der deutschsprachigen Ausgabe:
Tanja Timmerman vertaling & redactie
Übersetzung: Judith Muhr

Printed by GPS Group

ISBN: 978-90-8998-831-7

Bei der Zusammenstellung der Texte und Abbildungen wurde mit größter Sorgfalt vorgegangen. Trotzdem können Fehler nicht vollständig ausgeschlossen werden. Verlag und Autor können für fehlerhafte Angaben und deren Folgen weder juristische noch irgendeine Haftung übernehmen. Für Verbesserungs-vorschläge und Hinweise auf Fehler sind Verlag und Autor dankbar.